ATELIER

MAXIME LALANNE

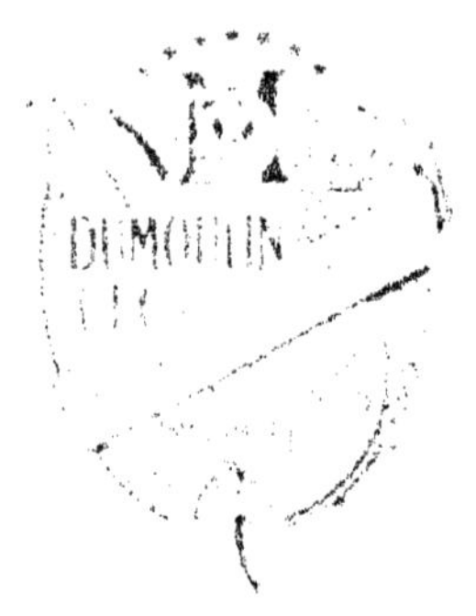

DESSINS ET CROQUIS

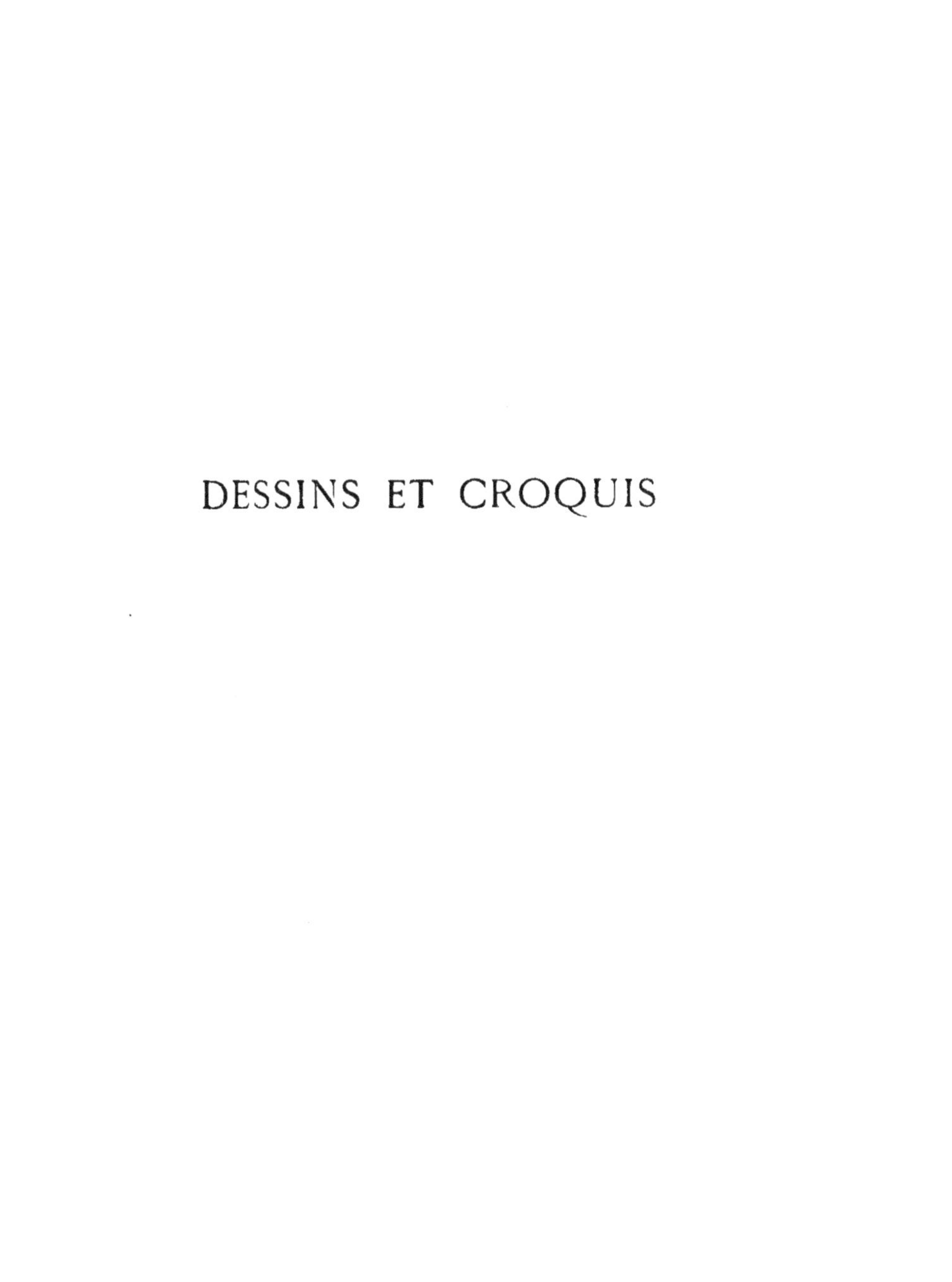

CONDITIONS DE LA VENTE

Elle sera faite au comptant.

Les adjudicataires payeront *cinq pour cent* en sus
des enchères.

Imp. D. Dumoulin et Cie, à Paris.

CATALOGUE

DE

DESSINS ET CROQUIS

AU FUSAIN, CRAYON NOIR, MINE DE PLOMB, PLUME, ETC.

EAUX-FORTES

Par feu MAXIME LALANNE

DONT LA VENTE AURA LIEU

HOTEL DROUOT, SALLE N° 3

Les Lundi 24 et Mardi 25 Mars 1890, à 2 heures.

<table>
<tr><td>COMMISSAIRE-PRISEUR</td><td>EXPERT</td></tr>
<tr><td>M° MAURICE DELESTRE</td><td>M. EUG. FÉRAL, Peintre</td></tr>
<tr><td>27, rue Drouot.</td><td>Faubourg Montmartre, 54.</td></tr>
</table>

Chez lesquels se trouve le présent Catalogue

EXPOSITIONS

PARTICULIÈRE	PUBLIQUE
Le Samedi 22 Mars 1890	Le Dimanche 23 Mars 1890

De une heure à cinq heures et demie.

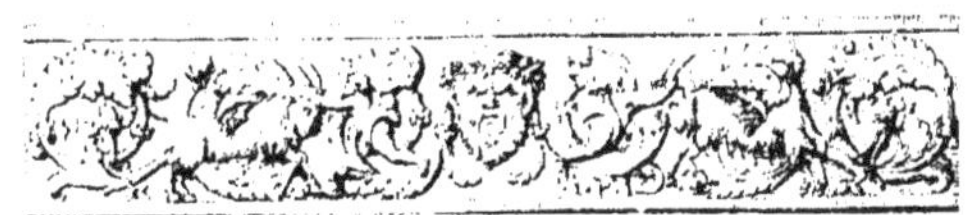

ous les écrivains d'art ont analysé le talent de Maxime Lalanne, qui s'est produit sous trois formes : *le crayon, la pointe sèche* et *le fusain.*

Au nombre des appréciateurs du talent de cet artiste, nous regardons comme une bonne fortune de pouvoir citer l'opinion d'un de ses confrères, non des moins méritants, M. de Curzon :

« L'œuvre de *Maxime Lalanne* est considérable et je suis loin de la connaître entièrement: ses eaux-fortes comme ses dessins au fusain ou au crayon se reconnaissent tous, à première vue, par un effet piquant, très brillant, des lignes heureuses et pittoresques: la facture est extrêmement spirituelle, facile et intéressante, jamais banale; les motifs les plus compliqués semblent avoir été traités avec aisance, sans nulle fatigue.

« *Lalanne* savait exprimer beaucoup avec peu de traits et de travail: cela est très sensible dans ses eaux-fortes, dans celles qui sont les moins poussées: pas une ligne qui n'ait sa signification, pas un trait qui ne soit amusant et spirituel autant que juste.

« Voilà, en quelques mots, mon opinion sur *Maxime Lalanne;* mais je sens bien qu'elle doit être incomplète.

« Je n'ai pas présent à la mémoire tout ce que j'en ai vu. En somme, c'était un véritable artiste, très brillant dessinateur et possédant une manière bien à lui.

« Sa mort est une grande perte pour l'art! »

Nous ne pouvions réellement mieux dire, et surtout avec autant d'autorité.

A défaut d'un inventaire général des œuvres de *Lalanne*, rappelons les pays qu'il visita et les contrées qui lui fournirent les sujets de ses remarquables dessins.

A l'étranger, ce furent l'Espagne, la Suisse, l'Angleterre, les Pays-Bas, la Belgique et la Hollande, patrie des grands maîtres de son école préférée.

En France, il a parcouru et reproduit les environs de Paris, la ville même, aux temps des transformations haussmanniennes et de sa défense héroïque. Il explora les Pyrénées, le Bourbonnais, la Bourgogne, la Champagne, la Provence, les Vosges, la Bretagne, la Normandie, le Périgord, la Saintonge, la Franche-Comté; son pays d'adoption, la Gironde, et son cher Bordeaux, qu'il a reproduit tant de fois.

Extrait de la *Gironde littéraire et scientifique*, 29 août 1886.

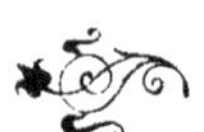

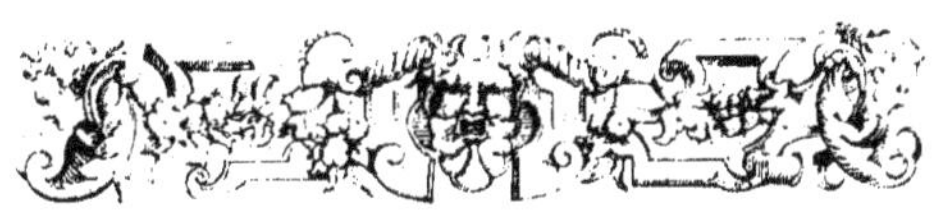

DÉSIGNATION

DESSINS

AU FUSAIN, CRAYON NOIR, MINE DE PLOMB
ET PLUME

1 — L'Exposition universelle de 1867. — Paris.
>   Important dessin de l'artiste, daté 1867.
>   Fusain.

2 — Vue prise aux environs de Londres (Salon
de 1872).
>   Important dessin, au fusain.

3 — Château de Mme de Balzac, à Villeneuve-
Saint-Georges.
>   Soleil levant.
>   Fusain.

4 — Vue de Bordeaux.

> Etude pour le dessin qui a figuré au Salon de 1883.
> Fusain.

5 — Château de Mme de Balzac.

> Fusain.
> A figuré à l'Exposition centennale de 1889.

6 — Entrée de forêt avec arbre penché.

> Fusain.

7 — Villa Bertin, près Troyes, au marquis de Mesgrigny.

> Fusain.

8 — La citadelle de Besançon.

> Fusain.

9 — L'Escalier de Sainte-Barbe.

> Fusain.

10 — Vue prise dans les Pyrénées.

> Fusain.

11 — Chemin dans la forêt.

>Fusain.

12 — Escalier de Sainte-Barbe.

>Fusain.

13 — La Naumachie du parc Monceau.

>Fusain.

14 — La Tour de l'ancien fort du Ha, à Bordeaux.

>Fusain.
>A figuré à l'Exposition centennale de 1889.

15 — Vue prise à Houlgate.

>Fusain.

16 — Vue de Concarneau.

>Mine de plomb.

17 — Cour d'une vieille maison, à Paris.

>Crayon noir.

17 bis. — Passage de la Marmite.

>Crayon noir.

18 — Vue prise à Auray (Morbihan).

Fusain.

19 — Le Port de Trouville.

Mine de plomb.

20 — Cours d'eau, sous bois, à Cenon.

Fusain.

21 — Intérieur d'écurie.

Fusain.

22 — Vue prise aux Moulineaux.

Fusain.

23 — Vue du Pecq.

Fusain.

24 — La plage de Douarnenez.

Mine de plomb.

25 — Rue de la Salamandre, à Rouen.

> Mine de plomb.

26 — Vue de Genève.

> Mine de plomb.

27 — Le port de Malaga.

> Mine de plomb.

28 — Paysage.

> Fusain.

29 — Le Parc de Mme de Dampierre (en Seine-
et-Marne).

> Fusain.

30 — L'Ile Tristan, à Douarnenez.

> Mine de plomb.

31 — La Naumachie du parc Monceau.

> Mine de plomb.

32 — Un vieux Quartier de Besançon.

Crayon noir.

33 — Allée d'orangers, chez Mme de Balzac.

Crayon noir.

34 — Une Percée dans le parc de Mme de Balzac.

35 — Vue prise dans la propriété de Mme L., à Corbeil.

Fusain.

36 — Le Salon de Mme de Balzac (Villeneuve-Saint-Georges).

Fusain.

37 — Vue prise dans l'île de Croissy.

Fusain.

38 — La Grenouillère.

Fusain.

39 — Le Pêcheur à la ligne.

Fusain.

40 — Un Plant de Tabacs dans un coin de jardin.

Fusain.

41 — Les Caves Jansthon, à Bordeaux.

Fusain.

42 — Fontaine Stanislas, à Plombières.

Fusain.

43 — Chemin tournant, dans le parc de Mme de Balzac.

Fusain.

44 — Etude de Grotte, chez Mme de Balzac.

Fusain.

45 — Place de Fribourg et fontaine (Suisse).

Fusain.

46 — Le Lac de Thun (Suisse).

Fusain.

47 — Entrée du lac de Brientz (Suisse).

Fusain.

48 — Les Baraquements, pendant le siège de Paris.

Effet de lumière.
Fusain.

49 — Arbres au bord d'une mare.

Fusain.

50 — Torrent dans des rochers.

Fusain.

51 — Saules auprès d'une usine.

Fusain.

52 — Arbres au bord d'un cours d'eau.

Fusain.

53 — Episode du siège de Paris.

>   Effet de lumière.
>   Fusain.

54 — Halte au falot!

>   Souvenir du siège de Paris.
>   Fusain.

55 — La Poterne du château de Chasseney (Aube).

>   Fusain.

56 — La Fontaine Stanislas, à Plombières.

>   Fusain.

57 — Fête du 14 Juillet (Paris).

>   Fusain.

58 — Le Pont d'Espagne, dans les Pyrénées.

>   Fusain.

59 — Sapins et rochers dans les Pyrénées.

>   Fusain.

60 — Le Pont de Cauterets.

Fusain.

61 — Intérieur de forêt.

Fusain.

62 — Cours d'eau, dans les montagnes.

Fusain.

63 — Rochers et sapins, dans les Pyrénées.

Fusain.

64 — Intérieur de forêt.

Fusain.

65 — Port de mer, au soleil levant.

Fusain.

66 — La Seine, à Suresne.

Crayon noir.

67 — Paysage rocheux.

Fusain.

68 — L'Orangerie du parc de Mme de Balzac.

Fusain.

69 — Etude, dans le parc de Mme de Balzac.

Crayon noir.

70 — Plantes et rochers.

Etude.
Fusain.

71 — Mare dans la forêt.

Fusain.

72 — Cascades dans les rochers.

Fusain.

73 — Cygne sur un cours d'eau.

Fusain.

74 — Chemin dans la forêt.

Fusain.

75 — Chemin sous bois.

Fusain.

76 — Rochers au bord d'un lac.

Fusain.

77 — Intérieur de forêt.

Fusain.

78 — Arbre coupé et déraciné.

Fusain.

79 — Le petit Pont de bois.

Fusain.

80 — Cascade dans les rochers.

Fusain.

81 — Intérieur de parc.

> Fusain.

82 — Les Bords de la Seine, vus du parc de Saint-Cloud.

> Fusain.

83 — Route dans la forêt.

> Fusain.

84 — Bords de rivière.

> Fusain.

85 — Clairière dans la forêt.

> Fusain.

86 — Cours d'eau.

> Fusain.

87 — Cours d'eau, sous bois.

> Fusain.

88 — Colline boisée.

Fusain.

89 — Vue prise dans un parc.

Fusain.

90 — Un Lac.

Fusain.

91 — Vue de Suisse.

Fusain.

92 — L'Escalier d'un parc, au clair de lune.

Crayon noir.

93 — Cascade.

Effet d'orage.
Fusain.

94 — Paysage aux environs de Paris.

Crayon noir.

95 — Arbres au bord d'une mare.

> Deux pendants.
> Au fusain.

96 — La Seine, aux environs de Rouen.

> Crayon noir.

97 — Intérieur de parc.

> Effet de brouillard.
> Crayon noir.

98 — Chemin sous bois.

> Effet de brouillard.
> Crayon noir.

99 — Bords de rivière.

> Fusain.

100 — Coupe de bois, dans la forêt.

> Fusain.

101 — Un lot de huit études de paysages.

LA HOLLANDE A VOL D'OISEAU

102 — *Amsterdam*. Le nieuwe Zijds woorburg-
wal.

> Fusain.

103 — *Le Pont de Maastricht*, vu du faubourg
de Wijck.

> A la plume.

104 — *Maastricht*. L'Abside de l'église Saint-
Servais.

> A la plume. .

105 — *Maastricht*. La Porte d'Enfer.

> A la plume.

106 — *Maastricht*. L'Abside de l'église Notre-
Dame.

> Fusain.

107 — *Maastricht*. L'Hôtel de Ville.

> A la plume.

108 — *Maastricht*. Façade de l'église Notre-Dame.
— Les anciens Remparts.

> Deux dessins à la plume, sur le même bristol.

109 — *Roermond*. L'Église du Munster.

> Plume et mine de plomb.

110 — *Roermond*. Vue du Marché.

> A la plume.

111 — *Roermond*. Un Calvaire et les anciens
remparts.

> Deux dessins à la plume, sur le même bristol.

112 — *Venlo*. L'Hôtel de Ville.

> A la plume.

113 — *Venlo*. Vieilles maisons. — La Meuse aux environs de Venlo.

Deux dessins à la plume, sur le même bristol.

114 — *Bois-le-Duc*. Le Marché.

Mine de plomb.

115 — *Bois-le-Duc*. L'Église Saint-Jean (façade méridionale).

A la plume.

116 — *Bois-le-Duc*. La Saint-Anthonie-Kerk (église Saint-Antoine).

Bois-le-Duc. La Campagne inondée.

Deux dessins à la plume, sur le même bristol.

117 — *Nimègue*. Le Valkenhof.

Mine de plomb.

118 — *Nimègue*. Vue générale et l'école latine.

Deux dessins à la plume, sur le même bristol.

119 — *Nimègue*. Le grand Marché.

— *Arnhem*. « La Sabelspoort ».

Deux dessins à la plume, sur le même bristol.

120 — *Arnhem*. Vue générale, prise de la « Buitensocieteit ».

A la plume.

121 — *Arnhem*. L'Église Saint-Eusèbe.

A la plume.

122 — *Utrecht*. Le Marché au poisson.

Mine de plomb.

123 — *Utrecht*. Vue prise du chemin de fer.

A la plume.

124 — *Utrecht*. La Tour de l'église Saint-Martin

A la plume.

125 — *Utrecht.* Le Musée arch'épiscopal et le Canal.

> Deux dessins à la plume, sur le même bristol.

126 — *Utrecht.* Le Nieuwe Gracht.

> Fusain.

127 — *Utrecht.* Le Palais épiscopal.

> A la plume.

128 — *Utrecht.* L'Hôtel de Ville.

> A la plume.

129 — *Amersfoort.* La Tour de Notre-Dame.

> A la plume

130 — *Amersfoort.* La « Koppelpoort ».

— *Apeldoorn.* L'Entrée du village.

> Deux dessins à la plume, sur le même bristol.

131 — *Zutphen.* Le Marché (1879).

> Mine de plomb.

132 — *Zutphen*. La Ruine.

    — *Zwoll*. La « Sassenpoort. »

        Deux dessins à la plume, sur le même bristol.

133 — *Zutphen*. La grande Église, vue des remparts.

        A la plume.

134 — *Zutphen*. Les Bords de l'Yssel.

        A la plume.

135 — *Deventer*. Vue générale.

        A la plume.

136 — *Deventer*. Le « Brink ».

        A la plume.

137 — *Deventer*. La « Bergpoort »

        A la plume.

138 — *Zwolle*. Le « Singel ».

        A la plume.

139 — *Zwolle*. Le Clocher de Notre-Dame et la
pointe de Marken.

Deux dessins à la plume, sur le même bristol.

140 — *Kampen*. Intérieur de l'Hôtel de Ville.

Mine de plomb.

141 — *Kampen*. La « Cellebroederspoort ».

A la plume.

142 — *Kampen*. Vue de l'Hôtel de Ville et l'église
Saint-Nicolas.

Deux dessins à la plume, sur le même bristol.

143 — *Meppel*. L'Église et le port. — Costumes.

Deux dessins à la plume, sur le même bristol.

144 — *Assen*. La Place du Gouvernement.
Rolde. Le « Hunnebed ».

Deux dessins à la plume, sur le même bristol.

145 — *Drenthe*. Le Village de Gieten.

   A la plume.

146 — *Groningue*. L'Hôtel de Ville.

   Mine de plomb.

147 — *Groningue*. Le « Loopen Diep ».

   A la plume.

148 — *Groningue*. Le « Schuiten Diep ».

   A la plume.

149 — *Leeuwarden*. La Tour de Saint-Vitus.

   Mine de plomb.

150 — *Leeuwarden*. Le « Poids » de la ville.

   A la plume.

151 — *Leeuwarden*. Porte d'une ruelle.

   — *Groningue*. La Bourse et l'« Aakert ».

   Deux dessins à la plume, sur le même bristol.

152 — *Leeuwarden*. La Tour penchée (Saint-Ja-cobs-Toren).

A la plume.

153 — *Franeker*. Vue générale, prise de la Station.

A la plume.

154 — *Franeker*. L'Hôtel de Ville.

A la plume.

155 — Une Ferme frisonne, aux environs de Fra-neker.

Sneck. Vue de la Porte d'Eau.

Deux dessins à la plume, sur le même bristol.

156 — *Bolsward*. La Chaire de vérité.

A la plume.

157 — *Bolsward*. L'Hôtel de Ville.

A la plume.

158 — *Harlingen*. Vue du Zuiderzée.

> A la plume.

159 — Intérieur frison.

> A la plume.

160 — Traineau frison.

> A la plume.

161 — *Hindeloopen*. Vue de la mer.

> Types et costumes.
> Deux dessins à la plume, sur le même bristol.

162 — Meuble d'Hindeloopen.

— *L'Ile d'Urk*. Types et costumes.

> Deux dessins à la plume, sur le même bristol.

163 — L'Ile de Marken.

> A la plume.

164 — Le « Nieuwediep. »

A la plume.

165 — *Enckhuizen*. Le « Dromedaris. »
... *Hoorn*. La Porte.

Deux dessins à la plume, sur le même bristol.

166 — Le Port de Hoorn.

Mine de plomb.

167 — *Hoorn*. — Vue générale, prise du Zuiderzée.

A la plume.

168 — *Hoorn*. Le Collège des États, et le « Poids »
de la Ville.

Deux dessins à la plume, sur le même bristol.

169 — *Alkmaar*. La Station du chemin de fer et
vieilles maisons.

Deux dessins à la plume, sur le même bristol.

170 — *Alkmaar*. La Place du Marché et le « Poids »
de la Ville.

> A la plume.

171 — *La Zaan*. — Rivière.

> A la plume.

172 — *Zaandam*. Vue générale.

> A la plume.

173 — *Zaandam*. Les Écluses.

— *Amsterdam*. Le Marché au Poisson.

> Deux dessins à la plume, sur le même bristol.

174 — *Amsterdam*. Le « Damrak ».

> Fusain.

175 — *Amsterdam*. « L'Y », embarcadère des
bateaux de Zaandam.

— *Amsterdam*. « L'Ou le Zyds Koik ».

— *Neppel*. Vue prise de la gare.

— *Zierichzée*. La Tour de l'Église.

> Quatre dessins à la plume, sur le même bristol.

176 — *Amsterdam*. La vieille Église.

A la plume.

177 — *Amsterdam*. La Tour des Pleureuses.

A la plume.

178 — *Amsterdam*. La Tour de Montalbaan « Montalbaanstoren ».

A la plume.

179 — *Amsterdam*. Vue de l'Amstel.

— *Amsterdam*. La Tour de la vieille Église, vue de la Saint-Annastraat.

Deux dessins à la plume, sur le même bristol.

180 — *Amsterdam*. La Porte Saint-Antoine.

A la plume.

181 — *Haarlem*. L'Hôtel de Ville.

A la plume.

182 — *Haarlem*. L'Hôtel de Ville, la salle des mariages.

> A la plume.

183 — *Haarlem*. L'Église Saint-Bavon et la Boucherie.

> Mine de plomb.

184 — *Haarlem*. Le Palais du bois « Paviljoen ».

> A la plume.

185 — *Haarlem*. Ancienne Porte et vieille Porte de la Ville.

> Deux dessins à la plume, sur le même bristol.

186 — *Le Hartenkamp*. Environs de Haarlem.

> Fusain.

187 — *Haarlem*. Les anciens Remparts.
Leyde. Le Vieux Rhin.

> Deux dessins à la plume, sur le même bristol.

188 — *Leyde.* — La « Breedestraat, » vue prise du club des Étudiants.

— *Leyde.* Le Beffroi de l'Hôtel de Ville.

Deux dessins à la plume, sur le même bristol.

189 — *La Haye.* La « Nieuwe Kerk ».

Mine de plomb.

190 — *La Haye.* Vue prise de la route de Voorburg.

— La porte de la prison.

Deux dessins à la plume, sur le même bristol.

191 — *La Haye.* L'Hôtel du prince d'Orange.

— L'Entrée du Bois.

Deux dessins à la plume, sur le même bristol.

192 — *La Haye.* L'Hôtel de Ville.

Fusain.

193 — *La Haye.* La Plage de Scheveningue.

À la plume.

194 — *Les Environs de La Haye*. Ryswijck.

— *Gouda*. L'Entrée de la Ville, prise du côté de l'Yssel.

Deux dessins à la plume, sur le même bristol.

195 — *Gouda*. Le Marché au Poisson.

À la plume.

196 — *Gouda*. Les Abords de l'Église.

— *Delft*. Vue générale, prise de la Schie.

Deux dessins à la plume, sur le même bristol.

197 — *Delft*. Le Tombeau de Guillaume le Taciturne.

Fusain.

198 — *Delft*. Le Marché au Poisson et la Tour de l'Hôtel de Ville.

À la plume.

199 — *Delft*. La Porte Sainte-Catherine.

— *Rotterdam*. « L'Achterklooster. »

Deux dessins à la plume, sur le même bristol.

200 — *Schiedam*. Vue générale de la Ville.

— *Bergen op Zoom*. Façade de l'Hôtel de Ville.

Deux dessins à la plume, sur le même bristol.

201 — *Rotterdam*. Le « Steiger. »

— Le Jardin Zoologique.

Deux dessins à la plume, sur le même bristol.

202 — *Rotterdam*. La Statue d'Erasme.

Mine de plomb.

203 — *La Meuse, à Rotterdam* et le « Haringvliet ».

Deux dessins à la plume, sur le même bristol.

204 — *La Meuse*, avant Rotterdam.

Fusain.

205 — *La Meuse*, à Dordrecht.

A la plume.

206 — *Dordrecht*. Vieille Porte sur le Port.

— L'Hôtel de Ville.

Deux dessins à la plume, sur le même bristol.

207 — *Dordrecht*.

Mine de plomb.

208 — *Bréda*. La Cathédrale.

À la plume.

209 — *Bréda*. Le Tombeau d'Enghelbrecht de Nassau.

À la plume.

210 — *Bréda*. La Cour du Château.

À la plume.

211 — *Bergen op Zoom*. La Grande Église.

À la plume.

212 — *Bergen op Zoom*. La Porte Notre-Dame.

— Costumes des habitants de Goes.

Deux dessins à la plume, sur le même bristol.

213 — *Goes*. Vue générale.

A la plume.

214 — *Goes*. L'Hôtel de Ville.

A la plume.

215 — *Middelbourg*. L'Abbaye.

A la plume.

216 — *Middelbourg*. Le Palais du Gouverneur.

A la plume.

217 — *Middelbourg*. Entrée de l'Abbaye.

A la plume.

218 — *La Kermesse*, à Middelbourg.

Mine de plomb.

219 — *Middelbourg*. Le « Droogdok ».

    A la plume.

220 — *Middelbourg*. Le Dôme.

    — *Zierickzée*. La « Zuidhavenpoort ».

        Deux dessins à la plume, sur le même bristol.

221 — *Ile de Walcheren*. Le Départ pour la Kermesse.

    — La Propreté hollandaise.

        Deux dessins à la plume. sur le même bristol.

222 — *Ile de Walcheren*. Château de Westhoven.

    A la plume.

223 — *Overduyn*. Maison de paysan.

    A la plume.

224 — *Veere*. Vue des anciens Bastions.

    A la plume.

225 — *Veere*. L'Hôtel de Ville.

La Fontaine.

Deux dessins à la plume, sur le même bristol.

226 — *Zierickzee*. L'Hôtel de Ville.

A la plume.

227 — *Flessingue*. Entrée du Port.

A la plume.

228 — *Flessingue*. La Bourse.

A la plume.

229 — *Flessingue*. Les Chantiers.

A la plume.

LA FLANDRE A VOL D'OISEAU

230 — *Anvers.* La Tour de Notre-Dame.

   Fusain.

231 — *Bruges.* L'Eau d'Amour (Minne Watter).

   Fusain.

232 — *Courtrai.* La Place de l'Hôtel de Ville.

   Mine de plomb.

233 — *Audenarde.* Vue générale de la place de l'église Sainte-Walburge et de l'Hôtel de Ville.

   A la plume

234 — *Audenarde.* Maison où naquit Marguerite de Parme.

   Deux croquis à la plume, sur le même bristol.

235 — *Audenarde.* Notre-Dame de Pamele.

   Courtrai. Restes des anciennes fortifications.

   Deux dessins à la plume, sur le même bristol.

236 — *Audenarde*. Hôtel de Ville. Salle des Mariages.

> Fusain.

237 — *Audenarde*. L'Église de Pamele (vue intérieure).

> A la plume.

238 — *Courtrai*. Vue intérieure du béguinage.

> A la plume.

239 — *Courtrai*. Le Pont.

> A la plume.

240 — *Ypres*. Dalle funèbre de Jansénius.
— *Ypres*. Vue des Halles, état actuel.

> Deux dessins a la plume, sur le même bristol.

241 — *Ypres*. Vue générale, prise des remparts.

> Crayon noir.

241 *bis*. — *Ypres*. L'Église Saint-Martin.

> Mine de plomb.

242 — *Ypres*. Maison dite des Templiers.

— La Boucherie.

> Deux dessins à la plume, sur le même bristol.

243 — Un Tir à l'oiseau (vue prise aux environs de Furnes).

— *Roulers*. Vue générale.

> Deux croquis à la plume, sur le même bristol.

244 — *Dixmude*. Le Jubé.

> Mine de plomb.

245 — *Dixmude*. Place du marché.

> Mine de plomb.

246 — *Dixmude*. Porche latéral de l'Église.

— Vue prise sur le « Grootendyk ».

> Deux dessins à la plume, sur le même bristol.

247 — *Furnes*. La Grande Place.

> Fusain.

248 — *Furnes* Maison des Espagnols et clocher de l'Église Saint-Nicolas.

Deux dessins à la plume, sur le même bristol.

249 — *Furnes*. Fenêtre d'une maison de la grande place.

—— *Nieuport*. La Tour des Templiers.

Deux croquis à la plume, sur le même bristol.

250 — *Nieuport*. La Grande Place avec les Halles et l'Église.

À la plume.

251 — *Ostende*. Parc aux huîtres.

À la plume.

252 — *Ostende*. La Plage.

Fusain.

253 — *Ostende*. Restes de l'ancien Hôtel de Ville.

À la plume.

254 — La Plage de Blankenberghe.

A la plume.

255 — *Blankenberghe. L'Eglise et l'Hôtel de Ville.*

Deux dessins à la plume, sur le même bristol.

256 — *Damme. Les Ruines de l'Eglise et la Grande-Place.*

Deux dessins à la plume, sur le même bristol.

257 — *Bruges. Le Beffroi ou tour des Halles.*

Fusain.

258 — *Bruges. Le Quai des Marbriers.*

A la plume.

259 — *Bruges. L'Hôpital Saint-Jean.*
— Intérieur de la Tour des Halles.

Deux dessins à la plume, sur le même bristol.

260 — *Bruges. L'Hôtel de Ville et la Chapelle du Saint-Sang.*

A la plume.

261 — *Bruges.* Porche latéral de Notre-Dame et vue de l'Hôtel de Gruthuse.

— La Tour de Jérusalem.

Deux dessins à la plume, sur le même bristol.

262 — *Gand.* Le Marché du vendredi.

Fusain.

263 — *Gand.* Vue du Palais de Justice.

— La Maison des Bateliers.

Deux dessins à la plume, sur le même bristol.

264 — *Gand.* L'Eglise Saint-Nicolas.

Fusain.

265 — *Gand.* Le Beffroi et façade latérale de l'Hôtel de Ville.

— *Gand.* « Dulle Greete », le gros Canon.

Deux dessins à la plume, sur le même bristol.

266 — *Gand.* Ruines de l'Abbaye de Saint-Bavon.

— Perte du nouveau Béguinage.

Deux dessins à la plume, sur le même bristol.

267 — *Termonde*. Vue prise sur l'Escaut.

> A la plume.

268 — *Termonde*. La Grande-Place.

> A la plume.

269 — *Termonde*. Vue sur la Meuse.

> Fusain.

270 — *Alost*. Hôtel de Ville et Beffroi.

— *Anvers*. Calvaire, à l'entrée du Steen.

> Deux dessins à la plume, sur le même bristol.

271 — *Anvers*. La Cathédrale, vue de la place Verte.

— *Anvers*. Vue générale, prise de l'Escaut.

> Deux dessins à la plume, sur le même bristol.

272 — *Anvers*. Le Steen, vue intérieure.

— La Maison Plantin (cour intérieure).

> Deux dessins à la plume, sur le même bristol.

272 — *Anvers*. La Bourse (vue intérieure).

A la plume.

274 — *Anvers*. La Maison de Rubens.

A la plume.

SUJETS DIVERS

275 — Vue de la Citadelle de Besançon.

Mine de plomb.

276 — Autre vue de la Citadelle de Besançon.

Mine de plomb.

277 — Les Halles, près l'église Saint-Eustache.

Mine de plomb.

278 — Deux vues de Paris : Montagne Sainte-Gene-
viève.

Mine de plomb.

279 — Vue de l'ancien Marché du Temple.

Crayon noir.

280 — Le Pont de la Concorde et la Chambre des Députés.

Crayon noir.

281 — Autre vue du Pont de la Concorde et de la Chambre des Députés.

A l'estompe et crayon noir.

282 — Le Pavillon de Flore et le Pont-Royal.

Estompe et crayon noir.

283 — Bateaux charbonniers, au bord de la Seine.

Estompe et crayon noir.

284 — Huit dessins divers : Vues de Paris.

Estompe et crayon noir.

285 — Le Parc et le château d'Armainvilliers.

Mine de plomb.

286 — Tresse, près Bordeaux.

Mine de plomb.

287 — Rue Saint-Romain, à Rouen.

Mine de plomb.

288 — Une Cour, rue du Petit-Salut (à Rouen).

Mine de plomb.

289 — Maison, rue Eau-de-Robec (à Rouen).

Mine de plomb.

290 — Passage des Chanoines (à Rouen).

Mine de plomb.

291 — Rue du Petit-Salut (à Rouen).

Mine de plomb.

292 — Dix-huit croquis représentant différentes vues de Rouen.

Mine de plomb.

293 — Cinquante-quatre dessins ou croquis.

Épisodes du Siège de Paris.

294 — Treize croquis à la mine de plomb.

Parc Monceau et Bois de Boulogne.

295 — Huit dessins à la mine de plomb. — Exposition de 1867.

296 — Dix-huit croquis : Port et plage de Trouville.

Mine de plomb.

297 — Douze croquis : Vues prises en Bretagne.

Mine de plomb.

298 — Trente-sept dessins au fusain :

Plages, paysages, animaux et figures.
Ce numéro pourra être divisé.

299 — Quinze dessins au fusain :

Paysages et marines, plages, etc.
Ce numéro sera divisé.

300 — **Huit croquis ou dessins.**

> A la mine de plomb.
> Vues de Suisse.

301 — **Environ cent quatre-vingts croquis ou dessins.**

> A la mine de plomb, au fusain, etc.
> Paysages marines, études de bateaux, plantes,
> figures, etc.
> Ce numéro sera divisé.

302 — **Voyage en Espagne.**

> Croquis et albums.
> Mine de plomb.

303 — **Cent soixante croquis divers pour le voyage en Hollande.**

> Mine de plomb.

304 — **Soixante croquis pour le voyage en Flandre.**

> Mine de plomb.

EAUX-FORTES

305 — L'œuvre gravée de Maxime Lalanne.

> Cent soixante-treize pièces environ.
>
> Épreuves d'artiste, sur papier du Japon et autres

306 — Deux grandes vues de Paris.

> Belles épreuves d'artiste, sur papier vergé. — Rare.
> Les mêmes estampes, sur chine.

307 — Souvenir artistique du siège de Paris, 1870-1871.

> Suite de douze estampes, sur chine et signées.

308 — A Fribourg.

> Belle épreuve, sur chine.

309 — Pont des Arts.

> Belle épreuve, sur chine.

310 — A Bordeaux. — Neige.

> Épreuve d'artiste, sur papier vergé.
> La même, sur chine.

311 — Dans un Parc.

> Sur chine.

312 — Bastion 49.

> Sur parchemin.

313 — Richemond.

> Deux épreuves, sur vieux papier.

314 — Les Ormeaux de Cénon.

> Dessiné d'après nature sur cuivre, pour la *Ga-zette des Beaux-Arts*, 1871.
> Belle épreuve sur parchemin. Il n'a été tiré de cette planche que trois épreuves sur parche-min.

— La même estampe.

> Belle épreuve, sur vieux papier.

315 — Le Gué.

> Belle épreuve, sur vieux papier.

316 — La Charrette.

> Sur japon.

317 — Les Roches-Noires.

> Sur chine

318 — Hennebon.

> Sur vieux papier.

319 — Vue de Morlaix.

> Sur chine.

320 — A Quimper.

> Sur chin.

321 — Le Veau (d'après Millet).

> Sur vieux papier.

322 — Le Canal Saint-Martin.

> Belle épreuve, sur vieux papier.

323 — La même estampe, avec lettre et signée.

324 — A Zaandam.

> Sur chine.

325 — Anvers et Amsterdam.

> Belles épreuves, sur vieux papier.

— La même estampe.

> Sur chine.

326 — A Bordeaux.

> Deux belles épreuves, sur vieux papier.

327 — Le Simoun.

> Sur chine.

328 — Exposition universelle de 1878.

> Sur vieux papier.

329 — Vieux quartier de Vitré.

Belle épreuve, sur chine.

330 — Un vieux port de Trouville.

Sur chine et signé.

331 — Le Waag, à Amsterdam.

Sur chine.

332 — Port de Trouville.

Papier vergé.

— La même estampe.

Sur parchemin.

333 — Tour de Montalban.

Vieux papier.

— La même estampe.

Sur chine.

334 — Vieux quartier d'Amsterdam.

Belle épreuve sur vieux papier.

— La même estampe.

Sur chine.

335 — Vue prise du Louvre.

Sur chine.

336 — Une rue de Rouen.

Sur vieux papier.

337 — *Ecole hollandaise*. Paysage et Animaux.

Peinture dans le genre de Berghém.

338 — Un cadre contenant trois eaux-fortes :

Les foules, d'après Ribot; *Macoussy* et *Ville-d'Avray*, d'après Corot.

339 — Sous ce numéro, des dessins non catalogués.

www.ingramcontent.com/pod-product-compliance
Ingram Content Group UK Ltd.
Pitfield, Milton Keynes, MK11 3LW, UK
UKHW031804170726
13836UKWH00003B/1179